Budget Minimalista In italiano/ Minimalist Budget In Italian:

Strategie Semplici su Come Risparmiare di Più e Diventare Finanziariamente Sicuri.

INDICE

Introduzione 5

Capitolo 1 - La Psicologia degli Acquisti 6

Capitolo 2 - Come Ignorare gli Annunci 10

Capitolo 3 - Come Superare le Abitudini di Spesa 14

Capitolo 4 - Aumentare la Vostra Fiducia in Voi Stessi 17

Capitolo 5 - Migliorate le Vostre Abitudini di Spesa 21

Capitolo 6 - Strategia di Risparmio per Uscire dal Debito 24

Capitolo 7 - Guida alla Gestione del Denaro 26

Capitolo 8 - Sentitevi finanziariamente Sicuri ogni Giorno 28

Conclusione: 30

Anteprima di Consapevolezza 31

© **Copyright 2017 di Charlie Mason - Tutti i diritti riservati.**

Questo documento è orientato a fornire informazioni precise e affidabili in merito all'argomento e al problema trattato. La pubblicazione viene venduta con l'idea che l'editore non è tenuto a rendere contabili, ufficialmente autorizzati o in altro modo servizi qualificati. Se è necessario un consiglio, legale o professionale, deve essere disposto da un individuo praticante nella professione.

- Da una Dichiarazione di principi che è stata accettata e approvata in egual misura da un Comitato dell'American Bar Association e da un Comitato di Editori e Associazioni.

In nessun modo è legale riprodurre, duplicare o trasmettere qualsiasi parte di questo documento in formato elettronico o in formato stampato. La registrazione di questa pubblicazione è severamente vietata e qualsiasi archiviazione di questo documento non è consentita se non con il permesso scritto dell'editore. Tutti i diritti riservati.

Le informazioni fornite nel presente documento sono dichiarate veritiere e coerenti, in quanto qualsiasi responsabilità, in termini di disattenzione o altro, da qualsiasi utilizzo o abuso di qualsiasi politica, processo o indicazione contenuta all'interno è la responsabilità totale e completa del lettore. In nessuna circostanza sarà ritenuta responsabilità legale o colpa nei confronti dell'editore per eventuali riparazioni, danni o perdite monetarie dovute alle informazioni contenute nel presente documento, direttamente o indirettamente.

I rispettivi autori possiedono tutti i diritti d'autore non detenuti dall'editore.

Le informazioni qui fornite sono solo a scopo informativo e sono universali in quanto tali. La presentazione delle informazioni è senza contratto o qualsiasi tipo di garanzia.

I marchi commerciali utilizzati sono privi di qualsiasi consenso e la pubblicazione del marchio è senza autorizzazione o supporto da parte del proprietario del marchio. Tutti i marchi e i marchi all'interno di questo libro sono solo a scopo di chiarimento e sono di proprietà dei proprietari stessi, non affiliati a questo documento.

Introduzione

Voglio ringraziarvi e congratularmi con voi per aver scaricato questo libro!

Questo libro contiene passaggi e strategie collaudate su come risparmiare di più e diventare finanziariamente sicuri. Siete una di quelle persone che non possono lasciare un centro commerciale o un negozio online senza aver acquistato nulla? Vi trovate senza soldi molto prima della prossima busta paga? Il vostro budget sembra così teso eppure sembra che vi manchino ancora così tante cose? Se avete risposto sì a tutte queste domande e state cercando un modo per far durare più a lungo il vostro stipendio, la soluzione è adottare il concetto di un budget minimalista. Questo concetto vi aiuterà a capire i motivi per cui spendete, vi fornirà idee su come frenare le vostre tendenze d'acquisto impulsive e vi farà risparmiare denaro. Vi mostrerà quanto la vostra vita possa migliorare anche senza spendere molti soldi. Riceverete anche consigli su come risparmiare di più e migliorare le vostre abitudini di spesa. Questo libro vi aiuterà a controllare meglio il vostro denaro e le vostre finanze e vi mostrerà i molti consigli per risparmiare che vi aiuteranno a risparmiare di più e a spendere meno. Se siete pronti a iniziare a salvare, passate alla pagina successiva e vedete cosa c'è in serbo per voi.

Grazie ancora per aver scaricato questo libro, spero che vi piaccia!

Capitolo 1 - La Psicologia degli Acquisti

Ci sono molte ragioni per cui la gente compra le cose, ma la psicologia vi dirà che ci sono 4 comportamenti psicologici di base che vi aiutano a capire perché comprate quello che comprate. Questi quattro fattori secondo gli psicologi prevedono anche le cose che comprerete in futuro.

Fattore n. 1 - Soddisfazione dei Bisogni

Questa è la ragione più elementare per cui le persone acquistano cose - per un bisogno che devono soddisfare. La maggior parte delle cose che la gente compra viene comprata perché c'è un bisogno intrinseco che deve essere soddisfatto. I bisogni possono essere classificati come di base o complessi.

I bisogni di base sono quelli che soddisfano i vostri requisiti di base. Questi requisiti di base sono spesso associati a esigenze fisiche. Le cose di cui il vostro corpo ha bisogno per funzionare normalmente sono chiamate esigenze di base. Esempi di bisogni primari sono cibo, acqua e riparo.

I bisogni complessi sono quelli che soddisfano le vostre esigenze emotive, spirituali e altre forme di bisogni non fisici. Queste possono includere l'avere amici, l'appartenenza ad un gruppo, o l'intraprendere un hobby che vi rilassa. Le esigenze complesse a volte si sovrappongono alle altre esigenze psicologiche per cui la gente compra le cose.

Fattore n. 2 - Attenzione e Percezione

Questo fattore psicologico negli acquisti è la cosa su cui gli inserzionisti e i team di marketing hanno influenza. Queste due cose vanno di pari passo, perché la percezione dipende spesso dall'attenzione.

L'obiettivo di un inserzionista è quello di attirare l'attenzione dei clienti abbastanza a lungo da permettere loro di costruire una percezione sul prodotto che stanno vendendo. La percezione può essere favorevole o meno. L'obiettivo è sempre quello di crearne uno favorevole in modo che le persone vogliano acquistare il prodotto.

Per catturare l'attenzione dell'acquirente, gli inserzionisti si assicurano che la loro pubblicità sia accattivante, spiritosa e che attiri davvero l'attenzione. Alcuni inserzionisti utilizzano effetti speciali, idee insolite ed espedienti solo per convincere l'acquirente a guardare il loro prodotto o per fargli sapere che un tale prodotto esiste.

Una volta che l'attenzione dell'acquirente viene catturata, può farsi un'idea del tipo di prodotto venduto. Se scopre che il prodotto lo fa sentire bene o soddisfa i suoi bisogni, l'acquirente il più delle volte acquisterà quell'oggetto. Se non ritiene che l'articolo non gli sarà di alcuna utilità o se non gli piace il messaggio che l'annuncio sta inviando, l'acquirente non vorrà probabilmente acquistare quel prodotto.

La maggior parte degli inserzionisti sa che la percezione può essere alterata. Ecco perché usano una tattica chiamata ripetizione e distorsione.

La ripetizione è quando continuano a mostrare il prodotto in diversi canali in cui è più probabile che un acquirente lo veda. Questi canali includono TV, stampa e online. Più una persona vede queste pubblicità ripetitive, più i prodotti restano impressi nella loro mente. Ciò rende più facile per loro ricordare il messaggio di marketing quando, ad esempio, si trovano di fronte a questo prodotto in un supermercato. La familiarità rende una persona più invogliata a comprarlo.

La distorsione è una forma di manipolazione della percezione della persona per rendere il prodotto più favorevole agli occhi dell'acquirente. Un buon esempio di distorsione è far sembrare bello qualcosa che è spesso percepito come una cosa negativa. Una pistola, ad esempio, è qualcosa che le persone assocerebbero alla morte o come armi che possono danneggiare le persone. Ma i produttori di armi lo commercializzerebbero come una forma di protezione o qualcosa che può proteggere le persone che ami.

Fattore # 3 - Conoscenza e Condizionamento

Per acquistare un prodotto, la maggior parte delle persone farà le proprie ricerche su quel particolare prodotto. Questo è vero per gli oggetti che la persona non ha mai usato prima o per gli articoli che sono costosi. Una persona media scoprirà tutto ciò che può sul prodotto prima di effettuare l'acquisto.

Alcune persone sono influenzate dalla conoscenza del prodotto fornita da altre persone. Se la conoscenza del prodotto non è buona, il lavoro di un inserzionista è quello di condizionare la persona a cambiare la sua percezione presentandogli un diverso insieme di conoscenze che gli piaceranno prima che possa essere convinto ad acquistare il prodotto.

La conoscenza e gli apprendimenti dall'esperienza di altre persone influenzano anche il modo in cui le persone acquistano le cose. Questo è il motivo per cui le persone si rivolgono a recensioni, unboxing, campioni e promozioni prima di acquistare prima di accettare ciò che dicono gli inserzionisti. Le recensioni mostrano all'acquirente un incontro reale con il prodotto senza acquistare il prodotto.

Fattore # 4 - Credenze, Culture ed Atteggiamenti

Un fattore importante nella psicologia dell'acquisto è l'insieme di credenze, culture e atteggiamenti di una persona. Una persona può essere influenzata nell'acquisto di qualcosa perché è qualcosa che è stato inculcato nel suo sistema anche prima che abbia formato la sua percezione su un particolare prodotto. È qualcosa che è diventato un'abitudine e una cosa permanente nella vita di una persona.

Un buon esempio di ciò è quando una persona non compra carne di maiale perché la sua convinzione impone che la carne di maiale sia un animale associato a uno spazzino che mangia terra e letame. Alle persone con questa convinzione viene insegnato all'inizio della loro vita che il maiale è sporco, quindi lo evitano a tutti i costi.

Questi sono solo alcuni dei fattori psicologici più comuni che possono spiegare perché le persone acquistano o non acquistano un determinato articolo. Ci sono più ragioni che sono spesso molto più complesse di queste quattro. Questi motivi complessi sono spesso combinazioni di questi quattro influencer di base.

Capitolo 2 - Come Ignorare gli Annunci

Le pubblicità vengono create principalmente per dare ai clienti un'idea di quali prodotti sono disponibili sul mercato e per invogliarli ad acquistare questi prodotti. Sarebbero stati mostrati in TV, stampa e Internet. Le grandi aziende pagano il massimo del dollaro per ottenere la migliore fascia oraria in TV o il cartellone pubblicitario lungo le strade più trafficate. Inoltre, investono enormi quantità di denaro sui team di marketing e sui creativi per anticipare la concorrenza.

A meno che non si viva sotto una roccia, non si può veramente sfuggire alla pubblicità. Proviene da così tanti canali diversi che è difficile bloccarli completamente. Ma c'è un modo per ignorarli. Alcuni dei modi più efficaci sono descritti in dettaglio qui:

1. Ridurre l'esposizione - la TV e internet sono alcuni dei luoghi più comuni dove la pubblicità prospera. Diminuite la vostra esposizione a questi canali e riducete la vostra esposizione alla pubblicità. Quando si guarda la TV, per esempio, si può provare ad alzarsi in piedi e a fare altre cose durante le pause pubblicitarie, invece di stare seduti a guardare gli annunci pubblicitari senza pensare. Guardare la pubblicità rende i prodotti ripetitivi e facili da richiamare per rendere più suscettibili agli acquisti d'impulso.

2. Potete usare le pause pubblicitarie per andare in bagno, fare qualche seduta, parlare con la persona che vi siede accanto o controllare la vostra e-mail. Mettete la TV in muto mentre la pubblicità è accesa per assicurarvi di non sentire nulla.

3. Adblocking Software - se dovete usare internet (come quasi tutti lo fanno), potete trovare un buon software di adblocking che può filtrare gli annunci pubblicitari in modo da non doverli vedere o vederli così spesso. Questi adblock spesso hanno un prezzo. Scegliete quello che si adatta alle vostre esigenze e al vostro budget.

4. Utilizzate i servizi in abbonamento - Alcuni servizi in abbonamento come Netflix vi permettono di guardare la TV senza che la pubblicità vi interrompa ogni 10 secondi. Dovrete pagare questi servizi su base mensile, ma potete essere certi che non avrete bisogno di vedere un annuncio mentre vi godete il vostro spettacolo.

5. Aumentate la vostra conoscenza - più si sa su un prodotto, meno probabilità ci sono di riconoscere i promo e gli espedienti che altre pubblicità stanno sfilando. Si può ignorare meglio una pubblicità se si conosce un prodotto dentro e fuori. Conoscere i pro e i contro dei vostri prodotti preferiti vi rende meno suscettibili all'acquisto di un nuovo prodotto solo perché ha le parole NUOVO e MIGLIORATO stampigliate davanti alla sua confezione.

6. Evitare le vetrine: per alcuni potrebbe essere difficile. Ma evitare del tutto il centro commerciale o il negozio online è uno dei modi migliori per ignorare la pubblicità. Invece di andare a fare shopping in vetrina, utilizzate il vostro tempo per attività più produttive ma altrettanto piacevoli. Scrivete sul vostro diario, andate a fare jogging, leggete un libro o dedicatevi a un nuovo hobby.

7. Imparare ad accontentarsi di ciò che si ha - Uno dei motivi per cui le pubblicità funzionano è che cercano sempre di

convincere i clienti che hanno bisogno di quel particolare prodotto nella loro vita per vivere meglio. Ma quando una persona si accontenta di quello che ha, diventa meno propensa ad acquistare quel prodotto. Se il vostro telefono funziona ancora e serve al suo scopo, ad esempio, e vi accontentate delle sue prestazioni, non penserete di sostituirlo non appena uscirà il nuovo modello. Non vorrete le nuove funzioni tanto perché siete soddisfatti del vostro telefono.

8. State all'erta - diffidate delle pubblicità che offrono cure miracolose e affermazioni incredibili. Questi annunci sono spesso presentati sotto forma di spot pubblicitari. Anche se le loro affermazioni rasentano l'impossibile, tutte le informazioni, i risultati delle ricerche, le perizie e le testimonianze che mettono nelle loro televendite convincono i consumatori dell'efficacia del loro prodotto. Diffidate di queste tattiche e non cedete immediatamente a queste false pubblicità.

9. Sbarazzatevi della tentazione - Non prendete i volantini distribuiti nei centri commerciali, eliminate lo spam e la posta indesiderata e non iscrivetevi alla newsletter al dettaglio o agli avvisi di testo. Questi vi dicono di più sui nuovi prodotti per i quali potete spendere. Meno ne sapete, meglio sarete in grado di non comprare nulla. Inoltre, se avete davvero bisogno di qualcosa, andrete sicuramente a cercarla. Non dovete cedere ai venditori quando vi dicono che avete bisogno dei loro prodotti.

All'inizio può essere difficile fare queste cose, soprattutto se le vostre abitudini includono le attività che dovete evitare, cioè guardare la TV senza pensare. Ma con la pratica e una buona dose di forza di volontà, si può diventare esperti nell'ignorare la pubblicità. Continuate a esercitarvi e presto diventerà una seconda natura per voi il fatto che non vi accorgerete più di farlo.

Capitolo 3 - Come Superare le Abitudini di Spesa Compulsiva

La spesa compulsiva, come definita da molti esperti di psicologia, è un comportamento umano in cui una persona impiegherebbe una quantità enorme di tempo e di sforzi per comprare le cose al punto da sforzarsi o da danneggiare la sua vita e le sue relazioni.

Questo modo di spendere è considerato un problema psicologico che spesso richiede l'intervento e l'aiuto di terapisti qualificati. A volte è considerata una forma di dipendenza perché una persona sperimenta uno sballo naturale ogni volta che acquista un oggetto. Quell'altezza può essere assuefacente al punto che una persona perde denaro e proprietà e interrompe le relazioni.

L'effetto più comune dello shopping compulsivo per alcune persone è la sensazione di felicità. Gli spendaccioni compulsivi si sentono felici ogni volta che acquistano qualcosa. Ma se ne pentono subito, perché di solito porta a indebitarsi. Tendono a comprare cose ogni volta che sono depressi o tristi per renderli felici. Le loro abitudini di shopping sfuggono di mano e a volte portano a disaccordi e discordie tra loro e le persone che amano. Le fratture cominciano a formarsi fino a quando le famiglie non vengono divise a causa di questa dipendenza.

Per aiutarvi a superare le vostre abitudini di spesa compulsiva, ecco alcuni dei modi più efficaci.

Tagliate le vostre carte di credito - alcune persone non vedono le carte di credito come dannose perché non vedono il denaro reale che viene scambiato tra loro e il negozio al dettaglio. Questo vi dà l'illusione di non spendere davvero soldi. Si diventa più

sicuri di spendere perché si vede che si ha ancora un saldo sul proprio conto bancario. Ma quando arriverà il conto, vi accorgerete di avere più acquisti che soldi in banca.
Il modo migliore per assicurarsi che non si spenda inutilmente si dovrebbe sapere dove vanno a finire i soldi. È meglio spendere usando denaro contante. Quando vedrete che i vostri soldi stanno diminuendo, sarà meno probabile che continuerete a comprare.

Portate gli importi esatti - sapete quanto costano le tariffe degli autobus. Anche i vostri soldi per il pranzo o l'indennità per il cibo per la giornata dovrebbero essere messi a bilancio in modo da conoscere il vostro limite. Portate solo quei soldi per la giornata in modo da non essere tentati di comprare qualcosa mentre siete in crociera lungo il centro commerciale.
Se avete paura di essere sorpresi da un'emergenza, potete portare abbastanza soldi per tornare a casa, ma assicuratevi che non siano nella stessa tasca o nello stesso portafoglio dei vostri soldi da spendere, in modo da non spenderli "accidentalmente". Usatelo solo per le emergenze reali.

Tenere traccia delle cose che si acquistano - quando si tiene traccia delle cose che si acquistano, è meno probabile che si comprino cose doppie. Vi aiuta anche a diventare più consapevoli delle vostre spese. Il monitoraggio delle spese vi aiuterà a capire dove vanno a finire i vostri soldi. Fate una lista utilizzando un'applicazione o la funzione note del vostro telefono per rendere più facile la cosa.

Aspettare prima di acquistare - Acquista un articolo solo dopo aver aspettato un po' di tempo. Circa 30-60 minuti sono una buona quantità di tempo per aspettare. Quando vedete un articolo che volete davvero comprare, il vostro corpo si eccita e la logica spesso vola fuori dalla porta. Calmatevi e allontanatevi da quell'oggetto. Se, dopo un po' di tempo, non riuscite ancora a dimenticare quell'articolo o sentite che ne avete ancora bisogno, questo è il momento di comprare. È probabile che, una volta che vi siete allontanati, il vostro cervello abbia visto la logica e vi renderete conto che non avete bisogno di un'altra camicia rosa perché ne avete già 10 a casa.

Utilizzare una lista e attenersi ad essa - Il supermercato è una trappola prima trappola per gli acquisti d'impulso. Con così tanti articoli in giro che competono per la vostra attenzione, è così difficile non cedere e strapparli dagli scaffali e metterli sul vostro carrello. Ma se avete una lista e conoscete i luoghi esatti per trovare gli articoli sulla vostra lista, è meno probabile che vaghiate per corsia dopo corsia di cibo e generi alimentari.

Fatevi aiutare da un amico - Trovate persone la cui forza di volontà è più forte della vostra e portatele con voi nei vostri viaggi di shopping. Vi aiuteranno a ricordare la vostra politica di non acquisto. Assicuratevi solo di rispettare i loro promemoria, altrimenti è inutile portarli con voi se ignorate i loro consigli.

Fate qualcosa di diverso ogni volta che avete voglia di fare shopping - Andate a fare una passeggiata, fate esercizio fisico, continuate il vostro hobby o dormite. Tenetevi occupati in modo da non pensare allo shopping.

La chiave per superare la spesa compulsiva è l'autocontrollo e la consapevolezza di sé. Una volta che si ha il controllo dei propri impulsi e si è in grado di canalizzarli verso attività migliori, è meno probabile che si ceda alla chiamata della terapia al dettaglio.

Capitolo 4 - Aumentare la Vostra Fiducia in Voi Stessi con il Budget

Il budgeting è una pratica antica in cui le persone stanziano fondi per le cose che devono acquistare o per cui risparmiano. Le persone che mettono a bilancio il loro denaro pianificano come il denaro viene speso in modo che tutte le bollette siano prese in considerazione e i bisogni siano soddisfatti. È qui che si prende in considerazione il proprio reddito e lo si abbina alle cose di cui si ha bisogno per vivere una vita confortevole.

Per alcune persone è difficile stilare un bilancio, soprattutto quando i loro mezzi o le loro fonti di reddito sono limitati. Ma con un bilancio minimalista, un budget è sempre possibile, non importa quanto piccolo sia il vostro reddito.

Cos'è un Budget Minimalista?

Un minimalista, vagamente definito, è qualcuno che usa solo pochi oggetti nella sua vita e non sente il bisogno di riempirla di cose materiali. Vedrete i minimalisti che a volte vivono con meno di 100 oggetti e si sentono comunque felici nonostante non abbiano quello che gli altri considerano un lusso nella vita.

Un budget minimalista è qualcosa di simile. Le persone esperte in questo tipo di budget sono per lo più minimaliste per natura. Mantengono le cose semplici in modo da non dover spendere tanto. Apprezzano la qualità rispetto alla quantità, quindi i loro beni materiali durano più a lungo della maggior parte degli oggetti nell'armadio di una persona normale. Sono più esigenti e si preoccupano più della durata e della longevità piuttosto che della popolarità e dell'estetica.

Budget minimalisti non sempre significano che devi spendere meno. La maggior parte degli articoli che i minimalisti acquistano sono di alta qualità, quindi a volte possono essere più costosi all'inizio, ma alla fine pagheranno anche. Acquistare un prodotto di alta qualità significa che non devono continuare a sostituire il prodotto per molto tempo poiché è più resistente e di lunga durata.

Migliorate la Vostra Autostima nel Budgeting con Questi Suggerimenti

Per creare davvero un budget minimalista e migliorare la vostra autostima con il budgeting, potete provare queste semplici idee. Questi vi aiuteranno a gestire le vostre spese senza farvi sentire come se ci stessimo perdendo. Questi vi aiuteranno anche a passare a un budget minimalista e completo:

1. Scoprire dove vanno a finire i vostri soldi - la prima cosa che dovete fare è elencare le vostre spese. L'elenco delle spese vi aiuterà a individuare le trappole per la spesa. Sono vestiti? È troppo costoso il caffè della vostra caffetteria locale? Una volta scoperto dove si trovano le trappole per il denaro, sarete in grado di evitarle consapevolmente. Se dovete avere un budget per queste spese, potete mettere un tetto o un limite all'importo che spendete.

2. Stanziare prima gli importi alle voci più importanti - elencare le cose che devono essere pagate e quando devono essere pagate. Mettete da parte i soldi per queste spese non appena otterrete il vostro reddito. Assicuratevi di non toccare quei soldi per altre cose.

3. Alcune persone usano il metodo della busta in cui mettono i soldi in buste diverse. Quando è il momento di pagare queste spese, tolgono semplicemente quella particolare busta, mentre il resto rimane intatto.

4. Cercate l'aiuto di tutti i membri della vostra famiglia - se siete gli unici a fare il bilancio, mentre il resto della vostra famiglia è una perdita di tempo, finirete per sentirvi frustrati e risentiti per tutti quelli che vi circondano. La creazione di un budget minimalista comporta l'apporto e la collaborazione delle persone che vi circondano. Dovreste fargli capire il motivo del vostro budget, in modo che non si sentano privati.

5. Confrontare i marchi e le offerte - quando si acquistano biglietti di grandi dimensioni, non limitatevi a saltare alla prima occasione o all'affare che vi si presenta. Scoprite le migliori offerte disponibili prima di fare il grande passo. Controllate anche il piano di pagamento in modo da non essere sorpresi dall'importo che dovete sborsare per pagare la rata o il saldo.

6. Nell'acquisto di auto, per esempio, dovreste scoprire quanto sono lunghe le garanzie, quali sono le inclusioni al momento dell'acquisto e gli altri dettagli importanti. Considerate i pagamenti mensili per il vostro budget e vedete se è necessario effettuare dei tagli per farlo funzionare. Non comprare solo perché gli acconti sono bassi. Potreste finire per pagare di più in rate mensili.

7. Avere un gruzzolo che non si tocca mai è una cosa che può dare una sensazione di sicurezza e protezione. È importante mettere a bilancio i risparmi in modo che, in

caso di pioggia o di situazioni difficili che richiedono denaro contante, si sia coperti. La regola generale è quella di destinare il 20% del vostro reddito al risparmio, ma potete aggiungerne di più se ne avete la possibilità.

8. Sapere cosa è disponibile - alcune persone vanno a fare shopping per comprare qualcosa solo per scoprire che ce l'hanno già a casa. Finiscono per avere multipli degli stessi prodotti. Quando si sa cosa si ha e cosa non si ha, è improbabile che si vada a fare shopping solo perché non si riesce a trovarlo.

9. Budget per gli incidenti - Le emergenze o gli incidenti possono includere un'auto in panne e la malattia o l'invalidità. Questi casi spesso non sono sotto il vostro controllo, ma influenzeranno la vostra vita in grande misura. Includete queste voci nel vostro budget in modo che il vostro reddito o i vostri risparmi non subiscano un duro colpo nel caso in cui vi imbattiate in tali casi.

Il budget diventa più facile quanto più lo praticate. Prendete l'abitudine di fare il budgeting invece di andare a fare shopping senza un piano. I budget possono sembrare vincolanti per alcuni, ma quando vi abituerete ad essi, vedrete che è sempre più economico che comprare senza pensare. Con un po' di pratica, si può diventare sicuri delle proprie capacità di budgeting e, alla fine, limitare le proprie tendenze di spesa insensate.

Capitolo 5 - Migliorate le Vostre Abitudini di Spesa

Ora che sapete come preventivare, è il momento di concentrarvi sulle vostre abitudini di spesa. Le vostre abitudini di spesa sono le cose che definiscono il modo in cui usate il vostro denaro. Le cattive abitudini di spesa sono caratterizzate da acquisti d'impulso, rimpianti da parte degli acquirenti e aumento del debito. Le buone abitudini di spesa, invece, vi aiutano a uscire dai debiti, vi danno libertà finanziaria e vi fanno sentire sicuri nel vostro futuro.

Per migliorare le vostre abitudini di spesa, dovete sapere cosa le fa scattare. Per alcune persone, spendono di più quando si sentono tristi o depresse. Altre persone hanno voglia di spendere quando sono felici. Ancora una volta mi viene in mente quel fattore dell'umore. Questa è sicuramente la strada giusta da percorrere.

Fare shopping quando si è depressi, tristi o emotivamente emotivi vi renderà più facile spendere di più. La vostra mente vi farà capire che avete avuto una brutta giornata e che avete bisogno di qualcosa di nuovo per essere felici. Questa è solo una felicità temporanea. Si sentirà un alto sul vostro acquisto, ma si sente presto il rimorso dell'acquirente, soprattutto quando si rende conto che non può permettersi di pagare per quell'articolo. Vi sentirete anche come se steste affogando nei debiti, il che continuerà ulteriormente il ciclo della depressione.

Quando vi sentite tristi, dovreste evitare di andare nei centri commerciali o nei luoghi dove molto probabilmente spendereste dei soldi. Scegliete attività che distolgano la mente dalla tristezza.

Cose come giocare con gli animali al parco, leggere un buon libro o scrivere sul vostro diario vi occuperà e vi farà dimenticare la vostra tristezza. Anche queste attività non sono così costose. Potete anche provare a fare qualcosa di produttivo. Incanalate la vostra tristezza verso l'arte e la musica e create canzoni o opere d'arte. Sarete in grado di liberare la vostra tristezza e creare qualcosa di bello allo stesso tempo.

Un altro fattore scatenante della spesa è la felicità. Ottenere quel bonus al lavoro per un lavoro ben fatto può farti sentire come un milionario di una volta. Questo di solito vi fa venire voglia di indulgere e di spendere tonnellate di denaro per festeggiare il vostro successo. Anche se non c'è niente di male nel festeggiare i successi, è anche importante notare che una spesa eccessiva esaurirà i vostri fondi o bonus, così tornerete a vivere di stipendio in stipendio. Non commettete questo errore e usate tutti i vostri soldi in una volta. Destinateli ai canali giusti, vale a dire risparmi, spese e altre cose importanti, prima di usarli per festeggiare.

Quando ci si imbatte in un afflusso di denaro, la cosa migliore da fare per contenere la spesa è fare un passo indietro e respirare. L'euforia naturale che si prova nel ricevere il denaro alla fine svanirà e ci si sentirà più padroni delle proprie abitudini di spesa. Otterrete una prospettiva più ragionevole una volta che il brivido iniziale è andato e sarà meno probabile che spendiate.

Il momento migliore per fare shopping è quando non si provano molte emozioni tumultuose ed estreme che possono influenzare le proprie abitudini di spesa. Acquistate solo quando vi sentite equilibrati. La maggior parte delle persone suggerisce di fare la spesa anche dopo aver mangiato perché quando si ha fame, è più probabile che si spenda in cose per mascherare la sensazione di fame.

Un altro modo per migliorare le vostre abitudini di spesa è prendere coscienza di voi stessi. Dovreste conoscere la causa di fondo per cui state spendendo più del necessario. Quando si conoscono le ragioni, si è in grado di evitare meglio queste cause, in modo da non sentire mai il bisogno di spendere di più.

Capitolo 6 - Strategia di Risparmio per Uscire dal Debito

Il debito è qualcosa che tutti sperimentano ad un certo punto della vita. Se avete molti debiti a causa delle vostre spese e vi sentite come se non sarete mai liberi dai debiti, non disperate. C'è ancora un modo per uscirne. Per aiutare a uscire dal debito, è necessario avere il giusto atteggiamento nella spesa e nel risparmio.

Quando l'atteggiamento di una persona nei confronti della spesa è sano, è in grado di controllare meglio le proprie spese e di allontanarsi dalla tentazione di acquistare. Le persone che non hanno il giusto atteggiamento nei confronti della spesa, come coloro che vedono la spesa come qualcosa a cui hanno diritto, troveranno così difficile impedirsi di comprare anche se non hanno più soldi.

Il risparmio è uno dei modi migliori per uscire dai debiti. Ma come fanno le persone a utilizzare i risparmi per farlo? Non dovreste pagare tutto con i soldi che avete invece di metterli da parte come risparmi? Ecco come fare.

Il risparmio, definito in modo approssimativo, è una somma di denaro che si mette da parte per i giorni di pioggia. Quando i vostri risparmi sono superiori al vostro debito, vi sentite più sicuri del vostro futuro. Per utilizzare i risparmi per uscire dal debito, è necessario mettere via con diligenza lo stesso importo o una quantità maggiore di denaro regolarmente.

Ad esempio, se guadagnate $ 1.000 al mese e avete un debito di $ 60.000. Con il vostro reddito mensile, assegnate l'importo mensile per le vostre rate regolari per estinguere il debito. Allo stesso tempo, mettere da parte una somma di denaro da mettere da parte come risparmio. Una volta accumulato abbastanza denaro sotto forma di risparmi, diciamo 10.000 dollari, si può mettere a frutto questi risparmi pagando una grossa fetta del debito. Pagare così tanto diminuirà i tassi d'interesse perché l'importo del capitale è stato ulteriormente ridotto.

Anche se accumulare risparmi può non essere sempre il modo più semplice per uscire dal debito, soprattutto se si hanno molte spese, è comunque uno dei modi più efficaci. Dovreste provare a risparmiare qualsiasi somma di denaro da utilizzare in seguito per effettuare pagamenti forfettari per il vostro debito. Applicate questa somma forfettaria al capitale e presto i vostri debiti diminuiranno notevolmente e sarete liberi da debiti prima di quanto vi aspettiate.

Capitolo 7 - Guida alla Gestione del Denaro

La gestione del vostro denaro è il processo di tracciamento, budgeting, risparmio e investimento del vostro denaro. È il processo che descrive ciò che si fa con i soldi che si guadagnano per farli crescere e ottenere rendimenti maggiori. Per alcune persone, la gestione del denaro è molto semplice. Queste persone di solito hanno un'ottima conoscenza del mondo finanziario. Per altri, la gestione del denaro potrebbe benissimo essere una lingua straniera da decifrare con la stele di Rosetta.

Per gestire il denaro in modo efficace, una delle cose da fare è abbracciare la vita frugalmente. Vivere frugalmente significa non vivere al di là dei propri mezzi. Si spende solo per il necessario e non ci si abbandona troppo spesso ai lussi. Non sprecate soldi per bisogni non essenziali. Per fare questo, è necessario distinguere quali sono i desideri e quali le esigenze. Spendete soldi solo per le cose di cui avete bisogno e dimenticate gli extra.

Un altro modo per gestire il vostro denaro è pianificare le vostre spese. Create un grafico o un programma che vi dirà subito le spese che dovete pagare e quando sono dovute. Questo assicura che non manchi mai un pagamento e incorra in penali in ritardo nel processo. Un pianificatore di spese vi permette anche di vedere dove vanno realmente i vostri soldi e quali spese stanno davvero divorando una grossa fetta del vostro denaro.

Il money manager esperti non comprano un caffè da 5 dollari quando può preparare il proprio caffè a casa per meno di un dollaro per ogni tazzina. Questo è un altro modo per gestire i vostri soldi. Siate abbastanza intelligenti da sapere quando è possibile risparmiare. I money manager sanno come identificare le parti della loro spesa di cui possono fare a meno e tagliarle in modo efficace. Questo si traduce in maggiori risparmi.

Gestite il vostro denaro con investimenti solidi. Questo può sembrare più facile a dirsi che a farsi, ma è uno dei modi migliori e più efficaci per crescere e gestire il proprio denaro. Quando si investe il proprio denaro, non lo si lascia semplicemente seduto in banca senza fare nulla. In realtà state utilizzando il vostro denaro per finanziare progetti che vi frutteranno dividendi e guadagni. Un'impresa di successo vi farà guadagnare un reddito aggiuntivo sotto forma di tassi d'interesse sui vostri fondi.

Capitolo 8 - Sentitevi finanziariamente Sicuri ogni Giorno

Sentirsi finanziariamente sicuri ogni giorno significa non doversi preoccupare delle proprie finanze future. Non molte persone sono in grado di dire di essere finanziariamente sicure perché non sentono di aver fatto abbastanza per assicurarsi un futuro confortevole. Ma solo perché ora non vi sentite finanziariamente sicuri non significa che non lo sarete mai. Ecco alcuni modi per ridurre le vostre preoccupazioni in materia di sicurezza finanziaria oggi e in futuro:

1. Costruire un solido conto di risparmio - sapere di avere qualcosa di nascosto da usare in caso di emergenza vi dà una sensazione di sicurezza finanziaria come nessun altro. Con un grande conto di risparmio non vi sentirete più squattrinati quando invecchierete e non sarete più in grado di lavorare per vivere.

2. Acquistare un'assicurazione - una polizza assicurativa è un'altra rete di sicurezza che aiuta a proteggersi in caso di enormi perdite di denaro. Alcune polizze assicurative che potete acquistare includono la polizza vita, la polizza invalidità e la pensione.

3. Investire con saggezza - le persone che sono finanziariamente sicure non si sentono solo felici di avere un enorme conto di risparmio. Si sentono più sicuri quando sanno di aver investito il loro denaro in luoghi che danno maggiori ricompense. Investono in cose che hanno dimostrato di essere produttori di denaro.

4. Mettere in ordine e vivere minimamente - le persone con così tante cose si preoccupano della manutenzione e del mantenimento dei loro beni materiali. Questi impediscono loro di sentirsi come se avessero il controllo delle proprie spese. Per essere sicuri di non spendere troppo, dovreste lasciar andare gli oggetti non essenziali e vivere solo con le cose necessarie. Quando avrete meno beni materiali di cui preoccuparvi, vi sentirete più sicuri del vostro futuro.

5. Risparmiate non importa quanto poco potete - mettere qualcosa nel vostro conto di risparmio, non importa quanto piccolo sia l'importo, contribuirà comunque alla vostra sicurezza finanziaria. Prendete l'abitudine di mettere qualcosa nei vostri risparmi.

Conclusione:

Grazie ancora per aver scaricato questo libro!

Spero che questo libro sia stato in grado di aiutarvi a capire le ragioni per cui spendete, di fornirvi idee su come frenare le vostre tendenze d'acquisto impulsive e di farvi risparmiare denaro. Ricordate, ci sono dei passi che potete fare oggi per assicurarvi di non dovervi preoccupare se avrete o meno abbastanza soldi durante gli anni del tramonto. Ci vuole solo un po' di disciplina per risparmiare di più e molta moderazione quando si tratta di spendere.

Anteprima di Consapevolezza

I 10 Migliori Consigli per Superare le Ossessioni e le Compulsioni Usando la Consapevolezza

1 CHE COS'È IL DOC?

Il Disturbo Ossessivo-Compulsivo, comunemente noto come OCD, è un disturbo mentale in cui qualcuno sente un costante impulso a pulire qualcosa, a ripetere certe routine o rituali, o ad avere schemi di pensiero ripetitivi. La persona può lavarsi le mani ripetutamente, controllare costantemente le manopole del forno per assicurarsi che siano spente, controllare costantemente le porte per assicurarsi che siano chiuse a chiave, o contare costantemente le cose. Per molti che soffrono di disturbo ossessivo-compulsivo, esso ha interferito con la loro vita quotidiana perché affrontare le compulsioni richiede un'ora o più del loro tempo ogni giorno, e i pensieri ripetitivi associati al disturbo impediscono loro di sperimentare relazioni significative e di impegnarsi pienamente nelle loro attività della vita quotidiana. In casi estremi, i sintomi possono essere così dannosi che la persona è portata a contemplare o addirittura a tentare il suicidio.

La causa del disturbo è sconosciuta, ma per molte persone è associata ad ansia e stress. Un gran numero di persone che ne sono affette ha vissuto un grande evento traumatico, in particolare abusi su minori, ma anche eventi come la morte di una persona cara o un grave incidente d'auto. Altre cause possono includere infezioni e genetica. La metà dei casi di OCD presenti prima dei 20 anni e lo sviluppo di sintomi dopo i 35 anni è estremamente raro. In tutto il mondo, si ritiene che circa l'1% della popolazione sia affetta da disturbo ossessivo-compulsivo ogni anno e che circa il 2-3% della popolazione ne sia affetta ad un certo punto della sua vita.

I trattamenti per OCD includono farmaci, come gli inibitori selettivi della ricaptazione della serotonina, così come la Terapia Cognitiva Comportamentale (CBT) per aiutare le persone ad imparare ad affrontare i pensieri intrusivi e ripetitivi. Un metodo particolarmente efficace per il trattamento dei disturbi ossessivo-compulsivi è l'apprendimento consapevole. La consapevolezza è la pratica di essere pienamente consapevoli di ciò che accade intorno a voi e dentro di voi in modo da poter distinguere i vostri pensieri negativi da ciò che sta realmente accadendo, separare i vostri sentimenti dai fatti, e non sentire il bisogno di trattare ogni pensiero che avete come se foste di fronte a una minaccia.

2 RESPIRAZIONE PROFONDA

Uno dei metodi più vantaggiosi, eppure più trascurati, per praticare la consapevolezza è quello di impegnarsi in esercizi di respirazione profonda. Non dovete sedervi in una posizione a loto ronzando "ohm", ma se vi sentite così costretti, allora fatelo. Tutto quello che dovete fare è stare seduti dritti (assicuratevi che la vostra schiena sia il più dritta possibile), inspirare ed espirare. Prendetevi 10 secondi per inspirare e 20 secondi per espirare. Praticate questo semplice esercizio per due minuti al giorno.

I vantaggi di impegnarsi in una respirazione profonda sono così immensi che ci si deve chiedere perché questo semplice esercizio sia così spesso trascurato. Uno dei motivi è che innesca naturalmente il sistema nervoso parasimpatico, che favorisce una risposta di rilassamento. In realtà fate sì che il vostro corpo si rilassi fisiologicamente! Molte malattie, tra cui il DOC, sono direttamente o indirettamente correlate allo stress, e la maggior parte di noi conduce una vita impegnata e stressante. La respirazione profonda è un modo per farti rallentare consapevolmente e prendere atto di ciò che succede dentro di te. Essendo consapevoli di ciò che si pensa e si sente, si può capire meglio quali sono i propri pensieri, che possono essere distorsioni della realtà, e cosa sta realmente accadendo intorno a sé.

Uno dei motivi per cui il vostro corpo inizia a sentirsi teso ogni volta che vi sentite ansiosi è perché non respirate profondamente. Quando si respira poco, il corpo non riceve l'ossigeno di cui ha bisogno e non è quindi in grado di alimentare correttamente le cellule. Respirando profondamente si ottiene tutto l'ossigeno di cui il corpo ha bisogno in ogni sua parte, permettendo ai muscoli contratti di rilassarsi. Questa risposta è fondamentale per aiutarvi ad avere il controllo dei sintomi del disturbo ossessivo-compulsivo. Non potete semplicemente pensare di uscire dall'OCD; se poteste, probabilmente avreste già trovato molto sollievo dai vostri sintomi. Il vostro corpo deve essere in sintonia con i vostri pensieri; se il vostro corpo è fuori sincrono perché non ha ossigeno adeguato, non sarete in grado di controllare gli impulsi di OCD. Tuttavia, avere un adeguato apporto di ossigeno permetterà alla vostra mente rilassata di allontanare alcuni degli impulsi.

Respirare profondamente può anche disintossicare il vostro corpo. Una delle tossine principali nel vostro corpo è l'anidride carbonica; se i vostri polmoni sono compromessi dalla respirazione superficiale, non sarete in grado di espellerla correttamente e si accumulerà. Sbarazzarsi di tossine come l'anidride carbonica permetterà alla vostra mente e al vostro corpo di funzionare meglio.

Un altro vantaggio della respirazione profonda è che può persino alleviare il dolore e aumentare la felicità. Questo perché stimola il rilascio di ormoni come la serotonina, "l'ormone della felicità". La serotonina allevia naturalmente lo stress e l'ansia, quindi stimolarne il rilascio è un modo ideale per aiutarvi a controllare il vostro disturbo ossessivo compulsivo.

Quindi prendetevi due minuti e respirate profondamente per 10 secondi. Quindi espirate per 20 secondi. Fatelo di nuovo un paio di volte. Noterete che dopo appena un paio di minuti inizierete a sentirvi tranquilli e rilassati.

3 PRENDETE NOTA DEI VOSTRI DINTORNI

Molti di noi hanno vite impegnate che non si prendono il tempo di fermarsi ad annusare le rose e non si accorgono nemmeno che ci sono delle rose! Se lo facciamo, non pensiamo se sono rosse, gialle o rosa, o a quanto sono belle. Semplicemente non siamo consapevoli di ciò che sta accadendo intorno a noi. Un modo per esercitarsi con consapevolezza è fermarsi e fare attenzione a ciò che ci circonda.

Guardatevi intorno per un minuto. Quanti colori vedete? Vedete il colore marrone? In quanti posti vedete il marrone? E il rosso? Rosa? Blu? Qual è il vostro colore preferito? Quante volte lo vedete? Notate come avete appena rallentato il vostro cervello in modo che non sia più in gara. Vi sentite ancora meno ansiosi, almeno un po'?

Inspirate profondamente attraverso il naso. Che odori sentite? Caffè? Il profumo del vostro collega? Qualcosa che sta cucinando? Ha un odore gradevole? L'odore vi rende felici o vi fa venire in mente dei ricordi? Fermatevi e pensate agli odori intorno a voi. Provateli. Inspirate ed espirate profondamente. Vi sentite più calmi? Bene.

Quanto tempo dedicate a mangiare il vostro cibo? Se siete come la maggior parte delle persone nel mondo moderno, probabilmente non passate molto tempo a mangiare. Dopotutto, dovete tornare al lavoro. Ci sono così tante cose da fare in poco tempo! Stop. Questo tipo di pensiero provoca ansia e scatenerà i sintomi del disturbo ossessivo-compulsivo. Cercate di passare più tempo a mangiare. Prendetevi del tempo per notare cosa state mangiando. Qual è l'odore del vostro cibo? Come è? Prendetevi ogni boccone lentamente. Che gusto ha? Qual è la sua consistenza? Come interagiscono tra loro le diverse consistenze che mangiate? Vi piacciono le consistenze? Bevete un sorso di qualcosa ogni tre morsi. Godetevi il vostro cibo e sperimentatelo appieno.

Cos'è quello che sentite? È una mosca o una zanzara che vi ronza intorno alla testa? E' la luce in alto che fa un suono scoppiettante? È una conversazione in corso nel prossimo cubicolo? È il suono della pioggia? State ascoltando musica? Prendetevi un minuto e ascoltatelo. No, ascoltatelo davvero. Fateci caso. Siate consapevoli dei suoni che vi circondano e da dove provengono.

Siete seduti a una scrivania in questo momento? Forse siete seduti fuori su una sedia o vi state rilassando sul divano. Prendetevi un minuto e sentitelo. Mettete le mani sulla scrivania. Che sensazione si prova?

Ormai dovreste sentirvi più consapevoli di ciò che vi circonda. Essere consapevoli di ciò che vi circonda vi aiuta a separare i vostri pensieri intrusivi da ciò che sta accadendo.

4 RALLENTATE

Molte persone sono convinte di dover riempire ogni minuto di ogni giorno con un qualche tipo di attività. Di conseguenza, il loro cervello non rallenta mai e non sono mai in grado di entrare in uno stato di rilassamento. Hanno anche un sonno alterato, perché il loro cervello è sempre collegato. Essere costantemente in movimento può effettivamente ingannare il vostro cervello a credere che ci sia una minaccia, e il vostro cervello ha una difesa incorporata alle minacce: la risposta di lotta o di fuga. L'adrenalina e il cortisolo vengono rilasciati nel vostro corpo, alimentando ancora più stress e facendovi sentire che dovete lavorare di più e fare di più. Essere troppo occupati può in realtà innescare il vostro cervello a reagire come se foste sotto minaccia. In realtà, il semplice rallentamento ha un grande valore.

Rallentare significa non sentire il bisogno di riempire ogni singolo minuto di ogni singola giornata di attività. Potete semplicemente lasciarvi essere voi stessi. Sedetevi all'aperto sull'erba e godetevi la sensazione che si prova in piedi. Godetevi il modo in cui il sole splende sulla vostra pelle; sperimentatene appieno il calore. Andate a giocare con il vostro cane. Spingete un bambino sull'altalena. Fate qualcosa che vi piaccia, piuttosto che qualcosa che vi faccia sentire produttivi e impegnati. Troppo spesso sentiamo di dover essere impegnati affinché la vita sia significativa. Tuttavia, questo non è vero. Il significato si trova nei momenti in cui rallentiamo e ci godiamo l'ambiente e le persone che ci circondano.

Quante volte al giorno controllate il telefono? Quante volte in un'ora? Quanto tempo potete passare senza controllare la posta o i messaggi di testo? Questo è qualcosa di cui essere consapevoli. Il controllo costante del telefono ti distrae dalla mente perché ti fa credere che se non sei produttivo, stai perdendo tempo. Mettete via il telefono e andate a fare una passeggiata. Il mondo può aspettare. È necessario prendersi cura di se stessi e dei propri bisogni.

Cosa vi impedisce di rallentare? Cosa vi fa credere di dover essere costantemente in movimento? Avete mai la sensazione che la vostra mente sia in corsa? Essere occupati alimenta pensieri ansiosi?

Ora prendetevi un'ora per rilassarvi e lasciarvi andare. Allontanatevi dall'elettronica, compreso il televisore, e connettetevi con voi stessi e con il vostro ambiente. Come vi sentite? La vostra mente sta rallentando? Cosa sta succedendo ai vostri pensieri ansiosi?

Provate a prendervi un'ora ogni giorno per rallentare e lasciarvi andare. Non lasciatevi distrarre e non lasciatevi travolgere da tutto ciò che pensate di dover fare. Fermatevi e annusate le rose.

5 MEDITATE

Avete già osservato i benefici della respirazione profonda, della consapevolezza di ciò che vi circonda e del rallentamento. Mettere insieme tutte queste cose è l'arte della meditazione. La meditazione è quando si permette alla mente di rallentare la concentrazione su qualcosa. Se siete mai stati tenuti svegli di notte da un pensiero ansioso che continua a girarvi in testa e da cui non potete prendere le distanze, allora state in realtà meditando su quel pensiero ansioso. Tuttavia, questo tipo di meditazione è negativo. La meditazione positiva è quando ci si concentra intenzionalmente sulle cose buone o positive e non ci si preoccupa dei pensieri negativi che cercano di invadere.

Molte religioni hanno le proprie pratiche meditative che sono progettate per migliorare la spiritualità dell'individuo o la sua connessione con il proprio spirito. La cabala, la tradizione mistica ebraica, ha pratiche meditative volte a sollevare l'individuo dalle sue lotte quotidiane e a portarlo alla conoscenza dell'Eterno. Il cristianesimo ha adottato alcune pratiche cabalistiche, che sono usate dai cristiani per meditare sul Divino. Anche l'islam, soprattutto il ramo sufi, ha pratiche meditative. Alcune religioni, come l'induismo, il sikhismo e il giainismo, trovano che la meditazione sia così intrinseca al benessere spirituale di un individuo da essere una parte prescritta della vita quotidiana. Se vi associate a una qualsiasi religione, un buon punto di partenza è quello di imparare cosa dice la vostra religione sulla meditazione e su come dovreste praticarla.

Se non siete religiosi e non siete interessati a ciò che queste diverse religioni dicono sulla meditazione, potete comunque imparare a meditare. Sedetevi dritti e chiudete gli occhi. Mantenete una postura il più possibile perfetta, in modo da poter respirare pienamente e profondamente. Inspirate per 10 secondi ed espirate per 20 secondi. Continuate ad inspirare ed espirare in questo modo mentre fate una delle seguenti operazioni:

1. Raccontatevi cose positive. Voi siete delle brave persone. Siete consapevoli di ciò che vi circonda e siete consapevoli di ciò che succede dentro di voi. Potete superare il vostro disturbo ossessivo-compulsivo in modo che non domini più la vostra vita.

2. Concentrarsi su qualcosa di positivo. Può essere un'immagine dell'oceano, un ricordo d'infanzia preferito, o qualcosa di del tutto innocuo, come una porta o un telaio di una finestra.

Rimanete in questo stato il più a lungo possibile. Se all'inizio si può meditare solo per un paio di minuti, va bene. Continuate a praticare la meditazione ogni giorno e cercate di rimanere ogni volta un po' più a lungo.

All'inizio, potreste scoprire che siete distratti dalle cose che devono essere fatte. Se cercate di meditare per prima cosa al mattino, potreste essere così distratti dalla necessità di arrivare al lavoro in orario che non siete in grado di meditare con successo. Se è così, cercate di trovare un momento che funzioni per voi, quando non sarete così distratti.

Lo scopo della meditazione è di svuotare la mente dai pensieri negativi in modo che possa essere riempita di positività. La meditazione è in realtà un potente strumento in grado di ricablare il cervello per pensare in modo più positivo.

www.ingramcontent.com/pod-product-compliance
Lightning Source LLC
Chambersburg PA
CBHW070904220526
45466CB00005B/2125